特定非営利活動法人　共同保存図書館・多摩
第39回多摩デポ講座（２０２０・11・29）より

〝市民の図書館〟の資料保存問題

山口源治郎

目次

はじめに

お久しぶりです。最近ほとんど人と会うことがなくなって、人恋しい、会話恋しい状態でしたので、今日は皆さんとお会いすることを楽しみにしてまいりました。

〈関心の外にあった「資料保存」〉

実は私はこれまで「保存」ということについてはほとんど関心を持ったことがなく、研究対象として考えたこともないに等しいと思っております。他方、図書館が急速に普及した時代を翻って考えてみますと、『市民の図書館』（日本図書館協会　一九七〇）自体にも「保存」という発想は十分入っていなかったのではと思います。

〈浦安市立図書館の書庫棟建設（一九八九年）〉

九〇年代、私がまだ札幌にいた頃に、浦安市立図書館長の竹内紀吉さんが北海道においいでになって講演をなさった。浦安では二一六五㎡という、ちょっとした中央図書館ぐらいの床面積の「公開書庫」・「閉架書庫」が増設されたんです。東京に来てから、「公開書庫」ということで、通常の開架の他に除架したものが大きな書庫に蓄積されていることを知り、竹内さんに「人口一〇万人の街で開架・閉架合わせて四四万冊という巨大な書庫が必要なのか」と質問した覚えがあります。当時私は、市立図書館にそんな大きな書庫はいらないだろうという発想を持っていて、やや冷ややかに書庫増設を見ていました。竹内さんから逆に「なぜ必要ないんですか？」と問われた時に、「いや保存は県立図書館がやればいいんじゃないですか」と答えてしまったのです。それは多分、当時『市民の図書館』の路線を地域で一生懸命実践していらっしゃる方々の共通の意識だったんじゃないのかなと思っております。

そこでまず初めに、皆さんご存知のことではあると思いますが、『中小都市における公共図書館の運営(以後、「中小レポート」と略す)』(日本図書館協会 一九六三)以降の「保存」に関する流れを整理しておきます。

1　市町村図書館での「保存中心主義」批判

端的に言いますと、「中小レポート」も『市民の図書館』も、「保存中心主義」に対する強烈な批判を展開していました。特に「中小レポート」は「資料整理」のあり方に関して、「無駄な力を注ぎ込んでいる、それよりはもっと奉仕活動にエネルギーを割くべきだ、そういうふうに図書館を変えていくべきだ」という考え方でした。一九六〇年代当時の図書館のいびつなあり方に対し、「新しい図書館をつくっていくべきだ」という視点から、強烈な批判を展開していこうとしました。その初めの標的にされたのが整理業務です。一万～二万冊の小さな蔵書のところで六桁の分類をやったり、細かい目録をつくるなどということは意味があるのか、ということです。

〈利用を顧みない「保存中心主義」（保存のための保存）への批判〉

それと共に「保存」ということも、資料を保存すること自体は悪いことではないが、保存のために利用や奉仕業務が相当犠牲にされている、ということがありました。完璧に保存をするなら、一切利用させないのがいいわけです。手の脂だとか湿気だとかを一切遮断して、安定した湿度と温度で光を遮断した場所に利用することなく保存しておくのが一番効率的だということで、一九六〇年代ですと、貸出すらしない市町村立図書館がありました し、貸出をしたとしても一週間に一冊なんていう図書館も珍しくありませんでした。ですからそれを転換するため、戦略的意味を込め、「公共図書館の基本的機能は資料提供である」ということを打ち出したのだと思います。そういう中で、利用を顧みない「保存中心主義(=保存のための保存)」への批判を展開したのです。

「中小レポート」ではこう言っています。

「われわれはこのような整理中心主義、資料保存中心主義の考え方に対し、図書館奉仕の現場から、もう一度資料の収集、資料の整理について再検討する必要を強調したい。」

「あくまで奉仕のための資料であり、整理であって、収集のための収集や、整理のための整理におちいってはならない。」(P.131)

〈資料保存は県立図書館が担う〉

それでは、保存はどこが担うのか。それは県立図書館の役割だとして、こう言っています。

「図書館の重要な機能の一つである資料の保存について、これは県立図書館が主としてあたるものとし、市町村の図書館は資料を駆使して、貸出業務を第一義とした前衛的機能が中心とならなければならない。」(P.132-3)　＊傍線は著者

〈積極的な除籍＝新陳代謝論〉

さらに「中小レポート」は除籍や廃棄に積極的な意味（私は「新陳代謝論」と名付けていますが）を与えていたと思います。

「従来図書館の機能が資料保存の面に偏重されてきたため、内容の陳腐になったものや、物理的に図書として使用にたえなくなったものまで大切に保管し、いたずらに蔵書数の多いことを誇る傾向が現在でも相当強く残っている。（中略）書架は絶えず新陳代謝が行われ、つねに新鮮で魅力あるものにしておかなければならない。」(P.138)

「資料は常に新しくなければならない、古いものはどんどん捨ててよい」という発想です。むしろ利用されない資料を捨てないで後生大事に抱え込んでいることの方が、ある意味病理的だというくらいの勢いがあったのでしょう。

こういう指摘がすでに六〇年も前に行われ、これが『市民の図書館』も含め戦後の公共図書館の基本になっていたということだと思います。

反省を含めての話なのですが、私も現在、授業で図書館サービス論やいろんなことを話す時に、資料保存・廃棄の問題にも触れます。「いろんな限界があって買った分ほどまではいかないけれど、それに近い数を廃棄しなければならないことがあります。実は公共図書館では市民へのリサイクルということもあるけれども、相当廃棄している」と話すと、学生は「もったいないなぁ」と言うのですが、私自身は新陳代謝論の立場で、「積極的除架も含めて書架を新鮮な状態にしていくんだ」と説明しています。

例えば、年間購入冊数の基準を決める時にどうやって決めるか、いろんな決め方があると思うが、こういう考え方もある。よく利用される図書・資料というのはほぼ発行してから五年間くらいで、それを過ぎると利用度が急激に下がってくる。だから、特に開架には発行後五~六年くらいまでの資料を中心に並べる。そうすると年間に購入しなければいけない資料数というのは、概ね五~六年で開架書架を一新できるくらいの数を目途にするという考え方です。そうすると年間購入冊数は開架図書の規模からある程度算出できるんじゃないでしょうか。開架冊数の五分の一とか六分の一を買える資料費をきちんと確保していくということになります。例えば、開架冊数が一二万冊なら年間最低二万冊ぐらいは買える金額、平均単価×二万冊ですね。

「図書館は、ずっと本を捨てないでとっておく」というイメージが、学生たちにも結構あります。大学図書館では、法人化される前は「一切廃棄しません」と言っていました。その理由のひとつは図書が「備品扱い」だということでした。法人化してからは、バンバン捨てるようになりまして、「そんなに捨てていいのか、大事なものも一緒くたに廃棄してるんじゃないか」と言いたくなるくらいに廃棄しているという感じがしました。

大学と公共図書館では資料保存に対する考え方も全く違うと思いますが、いずれにしても「中小レポート」での、中小都市における公共図書館の資料保存に関する認識、基本的な考え方はこういうものであったと思います。

〈『市民の図書館』の資料保存認識〉

では、『市民の図書館』ではどうだったのか。『市民の図書館』の資料保存に関する考え方は、基本的には「中小レポート」の考え方を継承していくということになっています。

利用者サービスについてはたくさん書いてありますが、資料保存ということについてはほとんど触れていないと思います。『市民の図書館』というのは大変戦略的なものでしたので、「今、資料保存のことを取り上げる必要はない。それより市民がいかに平等に利用できるような諸条件を整えていくのかが優先だ」という捉え方をしていただろうと思います。図書館を市民の間に根付かせるために、今は資料保存よりも資料収集の方に大きな力を注いでいくということです。ですから、問題にしたのは年間の購入冊数です。だからこそ「中小レポート」もそうでしたが、資料費の重要性を大変重視していました。施設・設備のことについてもそれほど言っていません。

日野の図書館がひとつのモデルになっていると思いますが、初期の日野市立図書館はそれこそ移動図書館と倉庫と事務室があるだけでした。分館ができた時も、「図書室」みたいな感じの非常に小さな分館がたくさんできたわけです。分館のレベルでも中規模図書館といえるものができるのは八十年代以降じゃないでしょうか。

いずれにしても保存問題については、「いずれは議論しなくてはならないが、今は議論する時期ではない」という扱いだったと思います。

ただ塩見昇先生も『図書館づくりの現況から「保存」を考える』（多摩デポブックレット№14）で触れていたと思いますが、一九六七年か六八年あたりに図書館問題研究会が「貸出しを伸ばそう」という運動を全国的に展開して(注)、一九七一年には大阪市立西淀川図書館が「〝草の根を分けても〟求められた資料は提供する」ということに取り組み始めました。〝草の根を分けても〟ということは、求める資料はどこかの図書館に必ずあるという前提でやっているわけです。本来ならこの〝草の根を分けても〟ということの裏側には、必要な本はどこかの図書館にちゃんと保存されているという確信を持てなければいけないんだけれども、そういう運動の中では「提供する」ということに大きな関心と力が向けられ、「保存する」ということには、どうも力が入っていなかったような印象を持ちました。「中小レポート」『市民の図書館』の中では、保存問題というのがちゃんと位置づけられずに、むしろ「保存中心主義」みたいな病理的な現象として批判されてきたということだったのではないでしょうか。

（注）図書館問題研究会は、一九六七年の第14回大会で、「貸出」を伸ばすことが目下の急務であり、相対的重点であることを指摘した運動方針を決定した。

2　都道府県立図書館の市町村図書館に対する「支援機能としての資料保存」

次に、「望ましい基準」などではどうだったのかということにも触れておきたいと思います。「中小レポート」の中では「資料保存というのは都道府県立の役割だ」と指摘をしていますが、一九七二年の「公立図書館の設置及び運営上の望ましい基準（案）」（資料①）では、大変面白い提案をしています。それは、県立図書館は市町村立図書館に対する支援機能として、市町村立図書館の資料を保存していく役割を持っているというものです。「支援機能」という言い方をしているんです。

この一九七二年の「望ましい基準（案）」では、市町村立図書館の資料に関しては年間購入冊数や新刊書の収集というものに重点が置かれていて、資料保存にはほとんど触れていません。「県立図書館の役割」の中で「市町村立図書館への援助」ということが取り上げられていて、資料保存については、こう書いてあります。

「市町村立図書館において利用度の少なくなった資料は、依頼によって都道府県立図書館が保存する」　＊傍線は、著者

実はこのような構想は、既に一九六〇年代から東京都立日比谷図書館図書館協議会の提言「東京都の公共図書館総合計画についての提言」（一九六二年）（資料⑥）の中に、「共同の保存活用センター」構想や「都立中央図書館建設のための専門委員会報告（一九六五年）（資料⑦）での「保存センター」構想として提言されていたものでした。そうした流れが一九七二年の「基準（案）」に影響したのかもしれません。それは、一九九二年「公立図書館の設置及び運営上の望ましい基準について（報告）」（資料③）においても引き継がれていました。

〈公立図書館の任務と目標〉

日本図書館協会が一九八九年に「公立図書館の任務と目標」（資料②）を発表します。ここ

では、「市町村立図書館においては、資料の新鮮さを維持するため、資料の積極的な更新・除籍を推奨」しています。その中で、資料の保存ということは特に触れられていないのですが、県立図書館の役割として、「資料保存の責任」ということを指摘しています。県立図書館自身の「所蔵資料の充実に努め、除籍は最小限にとどめる」ことを指摘したうえで、「多様な資料を豊富に収集し保存する」こと、そして特に逐次刊行物については保存の重要性を指摘しているのです。また、市町村立図書館の資料の保存を引き受けるということを「都道府県立図書館の市町村立図書館への支援としての任務・責任だ」と言っています。

都道府県立図書館と市町村立図書館の間では、それぞれの役割や地域の特色を踏まえつつ計画的に資料及び情報の収集整理及び提供について研究および提起をするということで、様々な連携の中に「保存」ということが挙げられてきたということ、および、都道府県立図書館が市町村立図書館への援助として当該図書館の資料の保存を援助すること、設備のところでは、「市町村立図書館の求めに応じた資料保存のための保存センター機能を備えること」ということが記述されています。「求めに応じて保存する」という、いわゆるセンター的機能を県立図書館は果たしたらどうかという提起だったと思います。

この保存センター的機能にいち早く反応したのは滋賀県の図書館だったと思うんです。

滋賀県では、「滋賀県公共図書館協議会」と話し合いながら、資料保存センターを考えていこうというのが提起されて、一九九二年に県立図書館の書庫が増設されたのです。それに合わせて収蔵能力もこれまでの五〇万冊から一五〇万冊に増加します。このように、滋賀県では「滋賀県公共図書館協議会」と「保存機能をどうしていくのか」ということについて話し合いながら、保存に関するシステムをつくり始めていったということです。滋賀県の例はいろいろな意味で、都道府県立図書館のひとつのモデルとして研究され、議論されました。

ただ他の県での実践例は大変少ないと思います。都道府県立図書館でどのくらいこういった保存センターというようなものを立ち上げているかについては、全国公共図書館協議会(以後、「全公図」と略す)が出した『二〇一九年度(令和元年度)公立図書館における蔵書構成・管理に関する報告書』で調査結果を報告しています(資料⑩)。これを見ますと、都道府県域で図書の共同保存を実施しているのは埼玉・富山・愛知・三重・滋賀・京都の六府県。複数の資料について共同保存しようというのが神奈川・三重・滋賀・福岡・長崎の五県。何らかの取り組みをしているのは二三府県だということです。この調査からは、一九七二年「公立図書館の設置及び運営上の望ましい基準(案)」の提起というのは十分には広がっていないと判断できます。一九九二年の「公立図書館の設置及び運営に関する基準について（報告）」で「保存センター」ということが言われたにもかかわらず、二〇〇一年（資料④）ではそれが消えてしまい、その後の二〇一二年「図書館の設置及び運営上の望ましい基準」（資料⑤）でも出てきません。「センター」という言葉が忌避されたのかもしれません。市町村の図書館の資料を県立図書館が保存していくという機能の実現についての可能性は強まってはいないのではないかという印象を持ちました。

3　多摩地域の図書館づくりと資料保存問題

次に、多摩地域について考えていきたいと思います。

図書館界全体としては、保存ということは弱かったのですが、多摩ではどうだろうか？私の主観的な感じ方だとは思いますが、美濃部都政下では、東京都の図書館振興策「図書館政策の課題と対策」（資料⑧）の支えや住民運動の支えもあって、『市民の図書館』に基づく図書館づくりが推進されてきました。八〇年代あたりまでは、小さな分館をたくさんつくっていきました。日野市立図書館でも、多摩平児童図書館は廃車になった都電を使ったものだし、社会教育会館の中の分館も図書館というより図書室だったと思います。一通り小さな分館が市内に配置される中で、中規模の図書館が初めてつくられたのは一〇〇〇㎡の高幡図書館ですかね。それ以降、少しずつ規模の大きなものができるようになりました。私が以前住んでいた東久留米市でも、最初は団地の中の三〇㎡くらいの小さな分室でしたが、九〇年代あたりからは、五〇〇㎡規模の分館ができていきます。

小さな図書館では、「保存」などということが問題にされることは全くありませんでした。日野市では一九七三年に中央図書館ができたのですが、その時にはどうだったでしょうか。図書館システムとして機能するためには、大きな収蔵能力が必要で、保存のためのスペースというものを検討しなくてはいけないと思うのですが、多くの図書館では八〇年代九〇年代あたりでしたら、一時保存のための書庫はできても永続的に保存していくための書庫という発想はなかったのではないでしょうか。中央図書館をつくった段階でもそんなに強くなかったのではないかという気がします。書庫は小さくて、一〇万か二〇万冊程度のものしか持たなかったですね。そこにはやっぱり「都立中央図書館がやるという方針を出しているのだから、我々はそれほど大きな書庫を持たなくても良いだろう」という発想があったと思うし、その頃はまだ市町村と都立多摩の関係は前を向いた良好なものであったと思います。

〈「今後の都立図書館のあり方」（東京都庁都立図書館あり方検討委員会）（二〇〇二年一月）〉

二〇〇二年に「今後の都立図書館のあり方（以後、「都立あり検報告」と略す）」というのが出されて、市町村の図書館の方では大きなショックを受けました。一四万冊の都立図書館の蔵書を「市町村等の図書館にあげますよ」ということですが、実は「捨てますよ」という話ですよね。新聞にも取り上げられたのですが、それまでの積み重ねに逆行する都立図書館の背信的な方針転換だというふうに思いましたね。一九七〇年に策定された「図書館政策の課題と対策」によって区市町村の図書館が大きく発展してきたわけですが、都は市区町村と協力関係を強めてきました。にもかかわらず、この時は市町村の意見などには全く耳を貸さない強権的で一方的なやり方でした。旧都立立川・青梅・八王子の三図書館が機能転換を目指して業務内容を変えていき、一九八七年に都立多摩図書館が立川市内にできるまでの過程では、市町村立図書館をどうバックアップできるかに非常に心を砕いて活動の方向を決めていったと思うんですが、それが一気に否定されていくというか、まさに信頼関係を自ら一方的に崩していったと思うのです。都立の組織運営を効率化するためということと、重複収集した資料を「再活用」するんだということが「都立あり検報告」で言われたのです。効率化の中で「これまでは地域分担という形だったけれども、これからは機能分担にしていく。しかも、日比谷と多摩を中央の分館として扱う」ということで、これまでの都立図書館の在り方をがらりと変えてしまいました。それから、重複資料の活用というのですが、「都立図書館全体で原則一点のみを保存していくことにするので、重複収集した資料は市町村に払い下げていく、あるいは廃棄していく」ということですね。その背景に書庫の収蔵能力の限界という物理的な条件があったとは考えられます。「都立あり検報告」では都立図書館の「収集方針」にあるような収集を維持していけば、中央図書館は二〇〇二（平成一四）年に満杯になるし、多摩図書館についても二〇〇六（平成一八）年で書庫が満杯になる。従って苦渋の選択として一四万冊の資料を処分せざるを得ないということになったのでしょう。

「ええっ、一四万冊も捨てるのか！」ということで、改めて資料保存問題に目覚めたというか、気付かされたというか……。市町村の方でも保存ということを意識化することになったのではないでしょうか。「都立あり検報告」が出るや、東京都多摩地域の市町村立図書館長協議会が除籍調査を行っています。『東京都市町村立図書館の除籍に関する調査報告書』（二〇〇二年一一月）という報告書を出しています。

ここに参加している方の中にも調査に関わられた方がいると思いますが、『多摩のあゆみ』一二〇号（公益財団法人 たましん地域文化財団 二〇〇五）に堀渡さんが「多摩の共同保存図書館づくり運動」という論文を執筆し、課題を的確に整理しています。十数年前の論文ですが、この数字を活用させていただきます。

表Ｉ　平成13年度末における図書の所蔵数の状況

	所蔵数（A）			受入数（B）			除籍数（C）			除籍率（C／A）		
	一般書	児童書	合計	一般書	児童書	合計	一般書	児童書	合計	一般書	児童書	合計
昭島市	198,920	85,454	284,374	14,118	7,096	21,214	13,888	7,893	21,781	7.00%	9.20%	7.70%
あきる野市	226,609	152,919	379,528	12,962	5,855	18,817	—	—	9,805	—	—	2.60%
稲城市	208,016	99,730	307,746	11,059	5,597	16,656	7,767	3,787	11,554	3.70%	3.80%	3.80%
青梅市	317,941	151,135	469,076	18,679	7,524	26,203	11,754	6,128	17,882	3.70%	4.10%	3.80%
清瀬市	289,704	86,742	376,446	11,267	3,337	14,604	16,363	2,634	18,997	5.60%	3.00%	5.00%
国立市	249,962	94,837	344,799	13,782	4,582	18,364	10,527	1,537	12,064	4.20%	1.60%	3.50%
小金井市	261,133	131,264	392,397	14,616	5,834	20,450	22,014	7,737	29,751	8.40%	5.90%	7.60%
国分寺市	385,883	139,787	525,670	23,352	6,545	29,897	19,421	4,982	24,403	5.00%	3.60%	4.60%
小平市	805,350	337,008	1,142,358	24,194	5,724	29,918	35,444	3,405	38,849	4.40%	1.00%	3.40%
狛江市	150,898	66,690	217,588	10,256	3,464	13,720	7,012	2,690	9,702	4.60%	4.00%	4.50%
立川市	507,146	206,743	713,889	32,539	8,057	40,596	9,554	3,362	12,916	1.90%	1.60%	1.80%
多摩市	—	—	713,402	—	—	31,753	—	—	16,971	—	—	2.40%
調布市	723,718	224,080	947,798	53,423	13,547	66,970	22,455	7,779	30,234	3.10%	3.50%	3.20%
西東京市	526,179	142,151	668,330	43,269	4,107	47,376	11,897	5,296	17,193	2.30%	3.70%	2.60%
八王子市	855,314	347,350	1,202,664	39,872	9,124	48,996	5,139	5,520	10,659	0.60%	1.60%	0.90%
羽村市	199,800	79,998	279,798	9,737	3,697	13,434	552	1,924	2,476	0.30%	2.40%	0.90%
東久留米市	246,535	109,632	356,167	17,220	5,178	22,398	8,906	1,731	10,637	3.60%	1.60%	3.00%
東村山市	407,330	249,330	656,660	18,028	11,649	29,677	15,449	5,421	20,870	3.80%	2.20%	3.20%
東大和市	247,860	95,101	342,961	9,048	2,157	11,205	9,037	0	9,037	3.60%	0.00%	2.60%
日野市	508,401	132,375	640,776	34,244	7,219	41,463	22,383	3,403	25,786	4.40%	2.60%	4.00%
府中市	885,835	297,049	1,182,884	39,497	12,176	51,673	22,608	6,613	29,221	2.60%	2.20%	2.50%
福生市	258,039	120,824	378,863	14,676	7,653	22,329	3,150	2,552	5,702	1.20%	2.10%	1.50%
町田市	698,741	217,623	916,364	58,728	13,568	72,296	44,990	8,981	53,971	6.40%	4.10%	5.90%
三鷹市	416,631	182,509	599,140	34,159	10,278	44,437	10,597	5,243	15,840	2.50%	2.90%	2.60%
武蔵野市	419,690	103,668	523,358	32,700	7,813	40,513	12,287	2,216	14,503	2.90%	2.10%	2.80%
武蔵村山市	141,781	101,174	242,955	8,753	3,542	12,295	6,112	3,289	9,401	4.30%	3.30%	3.90%
奥多摩町	50,239	20,813	71,052	2,789	447	3,236	504	256	760	1.00%	1.20%	1.10%
日の出町	58,510	36,877	95,387	1,291	714	2,005	429	46	475	0.70%	0.10%	0.50%
瑞穂町	95,491	54,844	150,335	8,262	4,095	12,357	2,871	1,168	4,039	3.00%	2.10%	2.70%
檜原村	37,534	11,685	49,219	1,771	383	2,154	0	0	0	0.00%	0.00%	0.00%
合計（注１）	(10,379,190)	(4,079,392)	15,171,984	(614,291)	(180,962)	827,006	353,110	105,593	485,479	3.4%	2.6%	3.2%

典拠　『東京都市町村立図書館の除籍に関する調査報告書』2002.11 多摩地区図書館サービス研究会（東京都市町村立図書館長協議会）
注１　合計の（　）は、多摩市の内訳を除く合計数
注２　武蔵村山市の数値は平成12年度

表Ⅱ　書庫の収容状況について

	専用書籍			仮設書庫			合計		
	収容能力	現収容数	収容率	収容能力	現収容数	収容率	収容能力	現収容数	収容率
昭島市				70,000	61,743	88.2	70,000	61,743	88.2
あきる野市								120,280	
稲城市				60,000	60,000	100.0	60,000	60,000	100.0
青梅市	100,000	100,000	100.0				100,000	100,000	100.0
清瀬市	84,270	31,621	37.5				84,270	31,621	37.5
国立市	50,000	50,000	100.0				50,000	50,000	100.0
小金井市	58,000	100,000	172.4	22,000	41,000	186.4	80,000	141,000	176.3
国分寺市	90,000	88,799	98.7				90,000	88,799	98.7
小平市	400,000	360,000	90.0				400,000	360,000	90.0
狛江市	30,000	60,000	200.0				30,000	60,000	200.0
立川市	121,000	103,539	85.6				121,000	103,539	85.6
多摩市				120,000	100,000	83.3	120,000	100,000	83.3
調布市	500,000	303,993	60.8				500,000	303,993	60.8
西東京市	151,000	158,865	105.2	24,000	25,472	106.1	175,000	184,337	105.3
八王子市	285,000	370,000	129.8				285,000	370,000	129.8
羽村市	168,400	58,000	34.4				168,400	58,000	34.4
東久留米市	90,000	90,000	100.0				90,000	90,000	100.0
東村山市	290,000	350,322	120.8				290,000	350,322	120.8
東大和市	90,000	130,510	145.0	21,440	8,600	40.1	111,440	139,110	124.8
日野市	180,000	166,000	92.2				180,000	166,000	92.2
府中市	470,000	470,000	100.0				470,000	470,000	100.0
福生市	100,000	80,000	80.0				100,000	80,000	80.0
町田市	238,000	220,000	92.4				238,000	220,000	92.4
三鷹市	100,000	90,000	90.0	5,000	2,750	55.0	105,000	92,750	88.3
武蔵野市	525,000	179,666	34.2				525,000	179,666	34.2
武蔵村山市	10,000	9,800	98.0	7,000	6,960	99.4	17,000	16,760	98.6
奥多摩町	10,000	6,840	68.4				10,000	6,840	68.4
日の出町				20,000	8,028	40.1	20,000	8,028	40.1
瑞穂町	15,000	15,000	100.0				15,000	15,000	100.0
檜原村	0	0	0.0	7,000	7,000	100.0	7,000	7,000	100.0
合計	4,155,670	3,592,955	86.5	356,440	321,553	90.2	4,512,110	4,034,788	89.4

典拠　『東京都市町村立図書館の除籍に関する調査報告書』2002.11 多摩地区図書館サービス研究会（東京都市町村立図書館長協議会）

この時点で多摩地域の図書館の書庫問題は、切迫しているという感じでした。多摩地域全体の除籍率（＝所蔵冊数に対して一年間にどれだけ除籍したか）は三・二％、一年間に五〇万冊近く除籍されているのです。年間受入冊数と対比をすると、五八・七％、約六割弱が除籍されているということです。一年間に八三万冊収集して、四九万冊を廃棄している。ここには、積極的に除籍をして常に書架を新鮮で魅力あるものにしていくという新陳代謝論があるとは思いますが、もうひとつ「保存したくてもできない」という現実の問題もあります。都立だけではなかったんですよね。

堀さんの論文で紹介された数字を加工してみたのですが、多摩地域の市町村立図書館の書庫の収蔵能力というのが、当時四五〇万冊くらいありました。現にどれだけ収蔵されているかというと四〇〇万冊。つまり約九割の書庫が埋まっているという状況だったのです。個々の図書館の数字を見ていきますと、九〇％を超えているのが六割あります。一〇〇％を超えているところもあります。小金井（一七六％）、狛江（二〇〇％）、西東京（一〇五％）、八王子（一三〇％）、東村山（一二一％）、東大和（一二五％）という状況です。数値上は溢れているのですが、実際には貸出中の資料が大量にあり、見かけ上は収まっていたり、書架に横積みにして詰め込んだりして凌いできたのではないかと思います。現実には廃棄せざるを得ない状況にはなっていましたが、全体の課題として共有化していくという方向にはいかなかった。そうした中、「都立あり検報告」で一気にこの保存の問題が顕在化・課題化させられたと思っています。この「ＮＰＯ法人共同保存図書館・多摩」が、最初は「多摩地域の図書館をむすび育てる会」という名称で出発し、のち、多摩地域の図書館全体で保存問題を課題化していく中で活動を広げていったことにもこのことはうかがえます。

今から一八年前の調査で、すでに多摩地域の図書館の書庫の九割が埋まっている状況でした。昨年二〇一九年度末では、多摩地域の所蔵冊数は一九六七万三〇〇〇冊。ざっくり二〇〇〇万冊の資料を多摩の図書館全体で所蔵しているわけです。この間増えた四五〇万冊はどこにどのような形で保存されているのでしょう。あきる野市など新しい図書館もできているので、全体の収蔵能力も増えているとは思いますけれど、依然として危機的な状況にあることは変わりありません。後で発言もあるかと思いますが、積極的除籍や消極的除籍とでなんとか凌いでいる状況なのではないでしょうか。

4　資料保存問題の課題

さて、こんな状況の中で、多摩も含めて資料の保存問題をどういうふうに捉えていくかということで、私なりの考え方を述べたいと思います。

〈「中小レポート」『市民の図書館』の枠組みからの脱却〉

「脱却」と言いましたが、「中小レポート」では、「保存中心主義」を排するがために、保存に対し極めて批判的であり、優先順位は決して高くはなかった。中小図書館の資料の保存問題についてはほとんど課題にしていなかった。

しかし、今や資料提供のためにもやはり保存についてきちっと課題化していく必要があるということです。「中小レポート」『市民の図書館』そのものを否定するわけではないのです。これからは、そこから脱却して、真っ当な意味での資料保存の問題を見ていく必要があります。

そのポイントは三つだと思います。

まず積極的保存論にいく―その背後にある「資料提供のための〝保存〟」ということの意味を明確にしていく必要があるだろうと思います。何でもかんでも保存すればいいということにはならないと思うのですが、「資料提供を裏付けるのは保存」ということはできると思います。

二つ目は、「都道府県立図書館が保存をすればよい」という発想でいいのかどうかということです。「中小レポート」から六〇年以上の時間が経つ中で、保存を都道府県立が任されるということは、もちろん重要な意味はあるのだけれど、市町村との関係をどう見ていくかということが大事になってくると思います。都道府県立の現状から見て、そこに依存して「我々市町村の保存任務は終わり」というのでは話にならないと思うのです。そういった意味では、市町村が持つべき資料保存の責任というのを明確にしていくことです。

三つ目に、積極的蔵書構築論が対置されなくてはいけないのではないかと思います。「中小レポート」『市民の図書館』というのは、基本的に積極的廃棄論なんです。廃棄そのものには意味はあると思うのですが、逆にそこに落とし穴があります。その図書館において、何を捨てるのかというのではなく、何を捨てないのか何を保存していくのかということで、後でちょっと触れるのですが、その図書館にとって魅力ある蔵書構成というものがあると思うのです。その図書館の特色であって、その図書館だからこそ所蔵すべきものは何か、所蔵のミッションというのを考えていかなくてはならないと思います。収集方針というのはあると思うのですが、そこに保存という裏付けが必要であると思っています。蔵書検索をやっていて「ああ、この図書館でこの資料をちゃんと保存していたんだ」と感心することがよくあります。逆に、「この資料をなぜ保存していないのか」ということもあったりします。ある方が亡くなった時に資料展をやろうとする。普通は捨ててしまいそうな資料を、ある種のコレクションとして「これ、保存しておこうよ」という発想があったんでしょう。一点一点をとってみるとそれほど利用価値があるとは思えないし、それほど利用されるわけでもないけれども、ひとつの時代を表す資料として持っていたほうがいいという判断があって保存していると、お亡くなりになったあとになって、パッとそういうものが出てくるんですよ。周りの図書館ではもう廃棄処分されていて、その図書館が持っている資料全体の中でひとつひとつの資料が意味を持ってくる。蔵書構築論になってくると思うんですが、そのところがきちんと保存論、蔵書構築論と資料保存をリンクさせながら議論されていく必要があるんじゃないか、積極的に捨てて新鮮にすればそれで魅力的な図書館になるということも一方ではあるかと思うんですが、それだけではなく、奥行きとか幅とかいろんなものが相まって図書館の蔵書の魅力というものが全体として出てくるということなんだろうと思うんです。そういう発想が今後必要になってくると思っています。

〈資料保存に対する関心の深まり〉

ただ、現実の資料保存の課題に向き合っていく時に、図書館員の関心の持ち方が大きな意味を持ってきます。この点では、ＮＰＯ法人共同保存図書館・多摩が果たしてきた役割は大きな意義があったと思います。困難な課題が多い中で、今後どうしたらいいかというのは私もすぐには提起できないのですが、少なくともこの十数年の中で資料保存問題を議論するいわば広場の役割をＮＰＯ法人共同保存図書館・多摩が担ってきたと思うんですね。こういうことは、これまでほとんど見聞きしていません。意味ある活動を担ってきたなと思います。それと、保存のためのシステムの構想だとか、ＴＡＭＡＬＡＳ（多摩地域公共図書館蔵書確認システム）の構築など現実的な提案をしてきたということは、図書館に大きな貢献をしてきたといえます。また、保存に関わる都立の協力が一方的に断ち切られた中で、市民ベースの資料保存の在り方ということを訴えてきたということも大きな成果だと考えます。

この四半世紀の間に、震災、津波、原発、水害など巨大災害に見舞われる中で、資料保存ということが抜き差しならない状況が出てきた、迫ってきたと思います。つい最近の事例で、川崎市民ミュージアムが多摩川の氾濫で水没し、貴重な資料が甚大な被害を受けました。図書館以上にオリジナル資料の保存を考えないといけないミュージアムで水没というか全滅する現実があったわけで、建設場所・設計の在り方から根本的に検証していかなくてはならないと思います。振り返って図書館でも、東日本大震災で大槌町のように図書館の建物も資料も全滅というところがありました。たまたま建物の構造の関係で資料の流失は免れたものの、水浸し、泥まみれになったというのも多くありました。そういった資料の保存・修復の問題について、もっと関心を高めていかなくてはならないと思います。

おわりに

最後に、多摩地域だけではないのですが、共同保存という課題について具体的にどんな課題があるかということをいくつか述べたいと思います。

一つ目は、先に挙げた全公図の報告の事例研究の中で「ラスト1」というか「最後の一冊」というのは必ず残しておこうという保存方針というか、廃棄の時の方針があります。ただ、都立が「ラスト1」でいいかというと、「都立図書館に一冊か。何かあった時にはどうなる？」ということがあると思います。東京都という巨大な自治体の中では、やはり複数のものをきちんと保存しておく体制をとっておかなくてはならないと思います。それから「ラスト1」ということと共同保存ということとの関係ですが、「ラスト1」というのは、純粋に多摩地域で最後の一冊という意味合いですよね。でも、もしかしたら、その図書館にとっては不必要ということもあるかもしれません。「ラスト1」が、ウチの蔵書構成ということとは別の重要な意味を持っている訳です。例えば滋賀県ですが、市町村で不要になったものは一旦は県立に寄せてしまう。県立では、県立で持っていないものを先ずは保存する。

持っているものは廃棄するというふうにしたんじゃないかと思います。それぞれの図書館で不要になるというものと、「この一冊はウチの図書館で保存しなくちゃいけない」という両方を見極める必要があります。それが気になるところです。

二つ目は、共同保存ということになると、いったい誰が保存の主体になるかということですよね。東京の多摩地域で考えた場合、都立図書館か市町村立図書館か市民共同の図書館かということになるでしょう。この点で滋賀県がいいなと思うのは、市町村の館長会（滋賀県公共図書館協議会）で必ず議論を積み重ねているということなんですね。県の一方的な指針を示すのではなく、必ず市町村と話し合うという手順を踏みながら合意形成をきちっとやっていくということを頑なに守っています。この点、東京でもそういうことを復活実現できないのか、市町村と市民共同的な要素を入れられないかということを考えるんです。多摩デポのようなＮＰＯが入ってもいいですし、多摩全域ではできていないですが「図書館友の会」みたいな連合体が入っていくことも可能です。保存の主体になるのは誰なのかを議論を積み重ねながら考えていく必要があると思います。

それから、お金の問題も関わりますね。誰が物理的・施設的な問題を解決するのかということです。本当に頭の痛い問題ですが、これは都立、特に都立多摩図書館あたりが物理的な問題で関わっていくのが大事なのではないかと思います。都立多摩図書館は二〇一七年に西国分寺に新館を建設して移転し、収蔵能力も飛躍的に増大しましたね。移転前に都立多摩図書館の入っていた「都立多摩教育センター」という立川にあった建物は、まだ建築後三〇年ほどで、それほど時間が経っているわけでもなく、耐用年数としては余裕があったのではないかというあの時に、私は国分寺市の図書館運営協議会の委員長をしていました。都立が来るというので図書館運営協議会として「それなら都立としての機能を一気に拡充してほしい」という要望書を出したのですが、取り扱ってもらえず門前払いをされたというのを覚えています。多摩の市町村立図書館の館長会でもいろいろ要望書を出したりして、あれがチャンスだったと思うのだけれど、一顧だにせず潰されてしまったのが「都立の第二の背信」だと思っています。新館を活用しようと思えば、一気にいろいろなことが解決できたのではと思います。東京都の方に大きな可能性があると思いますが、市町村・市民共同ということの可能性も考えられます。市町村の事務協同組合みたいな形で、多摩共同保存図書館というのをつくるということも理論的には可能ではないかと思いますが、多数の自治体の合意を得なくてはならず、これはなかなか難しいと思います。

三つ目に、保存する資料を誰が選ぶのかということです。一次的には市町村の図書館が選んで保存するのでしょうが、滋賀県の場合は市町村と組んで議論する場があったのではないかと思いますね。都の場合もそれに類似したものができないのかと思います。

それから物流の問題。いつでもスムーズにそれぞれの図書館で利用者が利用できるような体制が必要になってくると思います。都立の協力車の運行費用負担を区市町村に求めるなどというのでなく、都立の区市町村支援と考えて運用するなど、システムを運営していく様々な経費は、市町村への支援の一環として都が負担するのが一番良いのではないかと思うわけです。

様々な課題がありますが、今後都立多摩図書館がどうしていくのかが大きいと思っています。もう一度、かつての東京都の図書館振興策を策定した一九七〇年代や都立多摩をつくった一九八〇年代の時点に立ち返りながら、区市町村との共同というものをどう再編していくのかが大きな課題だと思います。石原知事以降、都立図書館の態度というのは都民ファーストでなく都政ファーストになっていないでしょうか。自分たちが東京都の組織の中で生き残れるかどうかの瀬戸際なんだという話だけを前提の議論になっているのではないでしょうか。それでは都立の将来は滅亡しか見えないです。「市町村を支える中での都立の存在」というのが、存続も充実も含めて保証されていくのだと思うのです。十数年前の「都立あり検報告」以降の不信感を払拭する東京都全体の図書館政策を全自治体の総意で策定し直していく必要があると思います。都立とのパーソナルな意味も含めて、関係の立て直しの方策がないのかという思いがあります。そこでは、このＮＰＯみたいなところの声もそうですが、市町村の館長会の役割が大きいと思います。あの滋賀県ですら、担当者が代わると業務が維持継続されにくくなるといっているわけですから。そういう意味では、今日こういうところで議論したような課題も含め、きちんと継承し、粘り強く都立に働きかけるということをやっていかなくてはならないでしょうね。

解決策を示すまでには至りませんでしたが、改めて保存問題ということの難しさというものを感じました。今日は皆さんからいろいろ教えてもらいたいと思います。

少し早いですが、これで一度話を切らせていただきます。ありがとうございました。

意見交換

（司会）

意見交換の前に私の方で二つ問題提起をします。

多摩デポではＴＡＭＡＬＡＳ（多摩地域公共図書館蔵書確認システム）を構築し、地域の図書館に提供しています。これは、少なくとも「最低、地域の中で一冊あるいは二冊しかないものを捨てる場合には一旦立ち止まって考えていただきたい」ということです。書庫が逼迫している中では分担保存以外に保存し続ける方法はないけれども、除籍しようとする時には、せめて多摩地域でどれだけ所蔵しているかをチェックしていただきたいと思います。

ＴＡＭＡＬＡＳでは国立国会図書館の蔵書も同時に検索できるようにしました。国立国会図書館も検索対象に加えたのは、実は国会図書館のここ何年かの収集率が、出版点数の九割以下だというのが見えてきて、市町村や県立や個々の図書館が受け入れていた本で国立国会図書館にない本が結構あるからです。国会図書館でも収集率に対して神経をとがらせているようで、ホームページを見ると「寄贈を受け入れます」とあります。送る費用は送る側持ち等の条件はありますが、状態が良いもので国立国会図書館にないものは受け入れるというのです。

別件になりますが、今日は全公図の報告の抜き刷りをお配りしています。事務局が都立中央図書館なので、都立のホームページで全文を見ることもできます。県域ごとの共同保存図書館をしているところが出ていて、図書の共同保存は六～七自治体あります。多摩デポでは「里親探し」というのをやっていまして、多摩地域の図書館で、除籍せざるを得ないが他の図書館で使ってもらえるといいと思う全集などを申し出ていただければ、欠本補充や汚破損の取替にも使ってもらえるよう斡旋するという事業をしています。「そちらで欠本になっている本を提供してくれる館があるのですがいかがですか?」という案内をしていて、成果をあげています。先日、多摩で受け取り手がない本について、全公図の報告書で県域での共同保存をしている東京都外の館の所蔵状況を調べて、未所蔵館に問い合わせたところ、「着払いで受け取ります」という館が出てきました。こういうことの背景には、全国の図書館がそれぞれ支え合えるということです。

（N）

多摩地域の館長協議会では、除籍の担当者会というのをここ三年程、年に一～二回集まってやっています。二〇〇二年の都立図書館の放出本について、町田市でとりあえず五万冊を預かっていただき、それを最終的には市町村で分担保存するということで一旦収めました。しかし、その時に各自治体で保存していただいた本について「もう書庫がいっぱいで保存しておけない」という声があがってきて、改めて館長協議会で協議しました。「一冊だけは保存」というのを各市にお願いしてきたのですが、「保存指定された本も、自館の蔵書構成を考えた時に、ちょっと邪魔になってきている」ということも含めて議論になっているのが現状です。先ほどのお話にもあったように、館長会が都立に「多摩地域が保存対象にしている資料だけでも預かってもらえないのだろうか」ということがありました。先生のおっしゃるように、多摩地域の図書館と都立との関係が冷え切っているというのはありますけれども、それを乗り越えてでも都立との協議の場を設けるとすれば、市町村側は共同保存をしているという実績を持って交渉ができるのではないかという感触を持っている人はいます。

もうひとつ、多摩地域の図書館は一九七〇年代につくられたところが多くあります。鉄筋コンクリートの建物は五〇年維持できると言われていますが、公共施設の再編という問題と絡めて、それぞれのところで廃館とか複合化とかいうことに直面することになろうかと思います。築後五〇年の建築物を長寿命化するとしても、一五年くらいしか延ばせない。各市町村の図書館が建て替わっていく一五年くらいの時間の間に都立の政策転換を求めたいと思います。

（T）

昨年、一二月三一日の朝日新聞に「これが最後のチャンスです」という吉田裕さんの話が出ていました。団塊の世代が職場を去ったり亡くなったりしていく中で、持て余す資料をどうするかについて「そういう資料はみな中国に行ってしまうんです」というのです。吉田さんは早乙女勝元さんの後を引き受けて東京大空襲・戦災資料センターの館長をしている方ですが、「資料は中国に行ってしまう」というのです。現実的な提起ができるわけではないのですが、多摩地域には発信力のある学者や作家が大勢いらっしゃいますし、大学も沢山ありますので、もう少し大きな形で話し合う場について考えていただいてもいいのではないかと思います。

（O）

この間多摩地域の図書館では、先生がおっしゃった「保存」ということを考えていたと思います。そういうことが背景にあったからこそ都立図書館の背信的な方針転換に対して立ち上がったのではないかと思います。

日野市立図書館について少しお話したいと思います。中央図書館が一九七三年にできた当時、地下の書庫はほとんど空っぽでした。平山児童図書館の二階が空いた際に、そこを図書館の資料庫としたのを始め、各館で資料庫を設けました。日野の中では、ちゃんと資料提供をするためには資料を持っていなければならないという意志が働いていました。そういったことは多摩地域の他市でもありました。一冊は残しておきたい。でなければ資料提供をきちんとやっていけないとしていました。それでも持ちきれなくなって、「協力貸出で支援してくれている都立図書館が持っていれば（資料⑨）、処分することも止むを得ないか」という形になっていったといえます。

多摩地域は「利用のための保存」ということを意識していたと思います。市町村の間で相互協力という取り組みがありました。それから、都立多摩図書館ができる前の都立三館が機能転換する中で、逐次刊行物センターが、「市町村の図書館から要らなくなった雑誌を引き受ける。それを市町村全体で利用できるよう提供していく」というので、「しっかりと保存できるのでは」となったわけです。都立多摩図書館が所蔵する雑誌のバックナンバーには、多摩地域の各館が提供したものが多くあるはずです。多摩地域が三多摩地域資料研究会(三資研)の中で、「各自治体で発行された資料は永久保存していかなくてはならない」と合意しました。多摩地域の中では地域行政資料についての保存の考えが根付いたと思われました。これはやはり資料保存についての多摩地域の大きな取り組みだったと思うので紹介しておきます。

(S)

山口先生にお聞きします。

都道府県立図書館の市町村図書館への支援機能としての資料保存というのは、全国の図書館でどのくらい意識されているのでしょうか? 支援機能としての資料保存を放棄するというのは、都立図書館だけの問題なのか全国の道府県立図書館で行われているのかお聞きしたいと思います。

（山口）

先ほどちょっと触れたのですが、全公図の調査の中に、図書について保存体制を採っているのか雑誌・新聞についてはどうなのかという調査があります。市町村に対する支援というのが文言として出てくるのは、「望ましい基準」の内の一九九二年の報告の中ですが、現実として出てくるのは数年だけしかないので、定着はしていないのだと思います。「市町村の資料を預かって保存します」というのは雑誌は別として、東京都もやってこなかったですね。そういう意味では、滋賀県が資料保存センターというのを構想としてやり始めたのが最初（前川館長時代）だと思います。全国的には広がっていないと思います。先ほど「多摩では定着した」というご発言がありましたが、どうなんでしょうね。日野は「知る権利の保障のためにやっていた」と言えるかもしれませんが、地方行政資料を網羅的に集めるというのは他のところではなかなか手をつけなかったのではないでしょうか。日野では先駆的なことをやっていたのだけれども、他の自治体で同様にできているかというと実感がないですね。都道府県の市町村への支援ということでは十分広がっていないように思います。

（司会）

確かに、現場のミッションとして共有化されているかどうかというと、県立図書館同士で県立図書館の役割ということについて協議されたということはあまり聞きません。むしろ個々の県庁の中の一部局としての方針であって、東京都の中では通じるものがあっても、全国に通じるかというとそれは難しいところもあるでしょう。

（M）

愛知県の県立図書館もやはり「ラスト1」の取り組みをしていて、毎週宅配便で資料のやり取りをしてくれていました。愛知では、大学図書館とのネットワークについても県立図書館が中心になってやってくれていましたし、それ以外に、近隣の県立図書館同士のネットワークもありました。東京の場合は人口一四〇〇万。愛知県は七〇〇万です。県立図書館の機能の中で、保存ということをしていく必要があるのか、県単位でなくもっと広域で一セット持っていればいいのではないかとも思います。

（A）都立の背信的な方針転換があった時に、都立図書館で働いていました。滋賀県立図書館では図書について県下の図書館から図書を預かるということをやっていますが、多摩図書館では、それより前に、利用頻度の減少した図書を広域で利用できるようにするという本来の再活用を実現しようと図書について調査をやり、市で不要になった図書を受け入れるということを一部試行として始めておりました。

「都立あり検報告」で「地域分担から機能分担へ」と書いているんですが、多摩図書館ができたということは、「図書館政策の課題と対策」の実現の一部であり、都立図書館が一部機能分担をするんだということです。多摩図書館と中央図書館とで複本を持つということによって、保存もでき協力貸出にも対応できるという機能分担を実際に定着させていったわけです。このことを「都立あり検報告」では、無視しました。

もう一点。ちょうどこの頃には東京の全自治体でＯＰＡＣが提供されるようになり、閉架書庫に入っている本が自在に検索できるようになったため、閉架書庫の資料が目に見えて利用され始めたのです。そのことについては十分調査も行わないまま資料を放出するという方針を出してしまったことをとても悔しく思っています。

（O）

「都立あり検報告」以降、都立の側は協力貸出について制限を強めています。都立も含めた「利用のための保存」のはずなのに、「〇〇年以上前のものは協力貸出できません」とか「自宅に持って帰らずに、図書館内で利用すること」という縛りをかけるのは、どういうことでしょう。この方針が出る直前まで「市町村の持ちきれなくなった資料を引き受ける計画」を考えていたとのことではないですか。

（K）

山口先生に以前からお聞きしたいと思っていたことがあります。多摩デポの活動に対して、「現物を紙で集める必要はないんじゃないか、デジタルで保存すればよい」という声があることについて、どう思われますか。

（山口）

私は、紙（モノ）に対する信頼と執着を持っています。

デジタルというのは、まだ安定した技術だと判断できないです。最後はモノとしてきちっと保存できないと安心できません。そこのところで、震災で水浸しになったり泥だらけになったりしたものをどうしたらいいかということもありますね。国立国会図書館の「近代デジタルライブラリー」でいいじゃないかという考え方もありますが、質感も含めて、本物の紙そのものを見なきゃいけないこともあるわけで、デジタルで良しということが私には不思議です。「電子書籍元年！」などと言われたことがありますが、依然として紙の本はなくならないですね。新型コロナの流行の中で、電子図書が流行っているということですが、どうなんでしょう。デジタル情報を提供している会社が潰れたら利用できなくなってしまったということにはならないんでしょうかね？　契約が切れたから、図書館で借りられなくなったということにはならないでしょうかね？　本質的なところで、考えていく必要があると思います。

（F）

このところよく図書館を利用するようになったのに、コロナ禍で、いきなり図書館が臨時休館ということになりました。その時に感じたのは「図書館はもうだめなんじゃないか」

という危機感です。貸出という以外に図書館を利用することはあまりないのでよく分かりませんが、図書館が機能を発揮するために資料は大切です。残すべき資料は是非残していっていただきたいと思います。

（司会）

時間がまいりました。

今日のお話は、「次は、○○しよう」ということではありませんでしたが、隘路を開きながら進めていこうということだったと思います。ありがとうございました。

〈資料〉

①一九七二年「公立図書館の望ましい基準（案）」　社会教育審議会施設分科会図書館専門委員会報告

1972．9．12

4　都道府県立図書館

③市町村立図書館への援助

ロ　資料の保存

市町村立図書館において利用度の少なくなった資料は、依頼によって都道県立図書館が保存する。

＊傍線は著者

②「公立図書館の任務と目標」（一九八九　二〇〇四・三改訂）

第二章　市（区）町村立図書館

3　図書館資料

49　図書館は、常に新鮮で適切な資料構成を維持し、充実させるために資料の更新及び除籍を行う。広域的に再利用が見込める資料については、県立図書館等への譲渡によって活用をはかる。

第三章　都道府県立図書館

2　市町村立図書館への援助

68　県立図書館は資料保存の責任を果たすため、市町村立図書館の求めに応じて、それらの館の蔵書の一部を譲り受けて、保存し、提供する。

③一九九二年「「公立図書館の設置及び運営に関する基準について」報告」　生涯学習審議会社会教育分科審議会施設部会図書館専門委員会　平成四年五月

第1章　総則

3　資料・情報の収集・提供等

（3）都道府県立図書館と市町村立図書館との間においては、それぞれの図書館の役割や地域の特色を踏まえつつ、計画的に資料及び情報の収集、整理、保存及び提供について連携協力を図るものとする。

第3章　都道府県立図書館

2　市町村立図書館への援助

③当該図書館の資料を保存すること

6　施設・設備

市町村図書館の求めに応じた資料保存等のための保存センター的機能

④二〇〇一年「公立図書館の設置及び運営上の望ましい基準」　平成十三年七月十八日　文部科学省告示第百三十二号

＊初めて、文部科学大臣名で告示

1　総則

（4）資料及び情報の収集、提供等

④都道府県立図書館と市町村立図書館は、それぞれの図書館の役割や地域の特色を踏まえつつ、資料及び情報の収集、整理、保存及び提供について計画的に連携・協力を図るものとする。

3　都道府県立図書館

（2）市町村立図書館への援助

ウ　市町村図書館の求めに応じた資料保存等

⑤二〇一二年「図書館の設置及び運営上の望ましい基準」 平成二十四年十二月十九日 文部科学省告示第百七十二号

2 都道府県立図書館

1 域内の図書館への支援

1 都道府県立図書館は、次に掲げる事項について、当該都道府県内の図書館の求めに応じて、それらの図書館への支援に努めるものとする。

ウ 図書館資料の保存に関すること

2 施設・設備

都道府県立図書館は、（・・・略・・・次に掲げる機能に必要な施設・設備の確保に努めるものとする。

ウ 市町村立図書館の求めに応じた資料保存等

⑥「東京都の公共図書館総合計画についての提言」 日比谷図書館協議会 一九六二年

「対策の骨子」5項目のうちのひとつは、

利用度の低くなった図書資料を確実に保存するための保存図書館を建設して、日比谷図書館だけでなく、区市立図書館を含めた共同の保存活用センターとすること　＊傍線は著者

※一九六四年には分館建設に向けた調査費100万円が計上された。

⑦「都立中央図書館建設のための専門調査委員会報告」 一九六五年三月

新設中央図書館の基本とすべき奉仕機能及び留意点についての4つの視点のうちの1つは、

新設中央図書館は東京都立図書館蔵書の保存ばかりでなく、都内公共図書館全体の保存センターとしての

役割を果たすべきである。

＊傍線は著者

⑧「図書館政策の課題と対策」東京都図書館振興プロジェクトチーム編　一九七〇年

・都立図書館　長期の施策3つの内のひとつは、「資料の保存（文化財の保護と継承）」

・図書資料の保存についての現状及び問題点では、現状として「保存機能の分担の不明確（共同保存体制の不在）」を挙げ、問題点として「保存は都立の任務に（廃棄時の照合と移管）」を挙げている。

・資料1「機能分担及び協力関係組織図（機能の分担による奉仕の体系）」で、都立図書館の分担として「相互協力センター、参考調査センター、保存センター、資料の貸出センター、児童図書館センター、視聴覚資料センター、補完的奉仕の機能」を挙げている。

・「相互協力事業の実施にともなう専門業務」の（5）は図書資料、その他の資料の収集保存の分担業務としている。

⑨「東京都立中央図書館資料収集方針」　昭和四七年三月三一日（四七日図発第二三五号）

資料別一般方針

1　図書　（1）通則

ウ　寄贈

（イ）b　館の収集方針上必要としないが、公立図書館が保存することが望ましいと考えられ、しかも今後散逸する恐れのある図書については、書庫のスペースを考慮のうえ受入れ、保管し、必要に応じてその運用を図る。

⑩

2019年度(令和元年度)公立図書館における蔵書構成・管理に関する報告書　P.62-63

6　都道府県域での資料保存の取組

(1)　2018 年度調査の再確認

本項は、2018 年度調査の内容を再確認する形で、県域レベルでの資料保存の取組の全国的な状況について理解を深めるための項とする。そのため、まずは以下に 2018 年度調査のまとめと取組例をまとめた表を記載した。詳細については、2018 年度調査報告書を参照いただきたい。

＜2018 年度調査からわかったこと＞

- 全国 23 都道府県で県域レベルの資料保存の取組が実施されている。
- 対象資料では、「雑誌」が最も多く 13 件、「新聞」が８件、「図書」が６件、「地域資料」が１件、「その他」が１件だった。
- 保存方式としては、複数館で役割を分担し保存する「分担保存方式」が 22 件と多く、特定の図書館への移管による「一館集中方式」が５件、「その他」が２件だった。
- 保存場所は、「各所蔵館の書庫」が 21 件と多く、「都道府県立図書館の書庫」が５件、「共同書庫（都道府県立図書館が運営）」が１件、「その他」が２件だった。
- 所有権は、「所蔵館で保持」が 23 件、「移管」が５件だった。
- 重複調整の有無については、「調整する」の回答が 16 件、「調整しない」が 10 件だった。

表　都道府県域での取組例（複数回答あり）

対象	参加館	保存方式	保存場所	所有権	重複調整	件数
図書	県＋市区町村（全）	分担保存	各所蔵館の書庫	保持	非調整	1
		一館集中	都道府県立図書館の書庫	移管	調整	3
	県＋市区町村（一部）	分担保存	その他	保持	調整	1
		一館集中	都道府県立図書館の書庫	保持	非調整	1
新聞	県＋市区町村（全）	分担保存	各所蔵館の書庫	保持	調整	3※
					非調整	1
					―	1
	県＋市区町村（一部）	分担保存	各所蔵館の書庫	保持	調整	1
					非調整	2
雑誌	県＋市区町村（全）	分担保存	各所蔵館の書庫	保持	調整	3
					非調整	2
					―	1
		一館集中	都道府県立図書館の書庫	移管	調整	1
	県＋市区町村（一部）	分担保存	各所蔵館の書庫	保持	調整	3
					非調整	3
地域資料	県＋市区町村（全）	その他	共同書庫（都道府県図書館運営）	移管	調整	1
その他	県＋市区町村（全）	その他	その他	―	―	1

（※前年度報告書での集計ミス。「4」→「3」に修正）

(2)　全国的な状況

ここでは、2018年度調査報告書に加え、都道府県域での資料保存の取組の状況を理解する手助けとなる情報として、昨年度調査にて取組を実施していると回答した館を地図で表した。下記の地図は、対象資料毎に共同保存を実施している都道府県を表わしたものである。地図から特別な地域性は読み取ることはできないが、西日本側に取組を実施している府県が多いことがわかる。

また、地図からもわかるように、複数の資料について共同保存を実施している県は、神奈川県、三重県、滋賀県、福岡県、長崎県の５県存在する。

図 2.77　共同保存の実施（図書）

図 2.78　共同保存の実施（新聞）

図 2.79　共同保存の実施（雑誌）

(3)　具体的な取組

今年度調査として、都道府県域での資料保存について取組のある館に事例報告を依頼した。第３章「公立図書館における蔵書構成・管理に関する事例」にて、愛知県、滋賀県、京都府の３府県の共同保存の事例が掲載されているので、そちらを参照いただきたい。

全文は、全国公共図書館協議会の事務局である東京都立図書館のホームページに掲載

https://www.library.metro.tokyo.lg.jp/zenkoutou/report/

多摩デポブックレットのご案内

定価（税込）No.1～4, 6～13　各660円
No.5　770円／No.14　880円／No.15　880円

No.1	公共図書館と協力保存 －利用を継続して保証するために－	安江明夫著	2009.5刊
No.2	地域資料の収集と保存 －たましん地域文化財団歴史資料室の場合－	保坂一房著	2009.9刊
No.3	「地図・場所・記憶」 －地域資料としての地図をめぐって－	芳賀　啓著	2010.5刊
No.4	現在《いま》を生きる地域資料 －利用する側・提供する側－	平山惠三 蛭田廣一著	2010.11刊
No.5	図書館のこと、保存のこと	竹内　悊 梅澤幸平著	2011.5刊
No.6	図書館の電子化と無料原則	津野海太郎著	2011.10刊
No.7	多摩を歩いて三七年半 ～街、人、暮らし、そして図書館～	山田優子著	2012.5刊
No.8	被災資料救助から考える資料保存 －東日本大震災後の釜石市での文書レスキューを中心に－	青木　睦著	2013.11刊
No.9	電子書籍の特性と図書館	堀越洋一郎著	2013.11刊
No.10	図書館連携の基盤整備に向けて ―図書館を支える制度の不備と「図書館連合」の提案―	松岡　要著	2015.1刊
No.11	書物の時間―書店店長の想いと行動―	福嶋　聡著	2017.8刊
No.12	図書館の「捨てると残す」への期待と不安 ―出版産業の危機の中で／書き手として、利用者として―	永江　朗著	2018.10刊
No.13	図書館計画で書庫はどう考えたらいいのか？ ―いくつかの街の図書館づくりに参画して学んだこと―	寺田芳朗著	2019.3刊
No.14	図書館づくりの現況から「保存」を考える	塩見　昇著	2019.7刊